日本共産党第28回大会

第9回中央委員会総会決定

●志位委員長のあいさつ

●「第29回党大会成功、総選挙躍進をめざす党勢拡大・世代的継承の大運動」の目標総達成をよびかける全党の支部・グループのみなさんへの手紙（第二の手紙）

●小池書記局長の結語

2023.10.5～6

28－9

日本共産党中央委員会出版局

日本共産党第28回大会
第9回中央委員会総会

目　次

第9回中央委員会総会

志位委員長のあいさつ

2023年10月5日

　中央役員のみなさん、全国のみなさん、こんにちは。連日のご奮闘に心からの敬意と連帯のメッセージを送ります。私は、幹部会を代表してあいさつを行います。

　第9回中央委員会総会の任務は、8中総決定にもとづいてとりくんできた「第29回党大会成功、総選挙躍進をめざす党勢拡大・世代的継承の大運動」を、文字通りの全支部運動、全党員運動に発展させ、「130％の党」という目標を達成するための全党の深い意思統一をはかることにあります。

　そのために9中総として、全国の支部・グループのみなさんにあてて総決起を訴える「第二の手紙」を送ることを提案したいと思います。

　私のあいさつでは、8中総決定を前提にして、内外情勢と日本共産党の値打ち、「大運動」の到達点と強化方向について、若干の点をのべ、第29回党大会の招集についての提案を行います。

「経済再生プラン」――岸田政権の「経済無策」と対照をなす先駆的提案

　まず、内外情勢と日本共産党の値打ちについて、8中総以降の動きにかかわって、いくつかの点をのべます。

　内政でも外交でも、岸田政権の政治的行き詰まりはいよいよ深刻であり、国民の不信と怒りが渦巻いています。こうしたもとで、異常な対米従属と財界中心という日本の政治の二つのゆがみを「もとから変える」――日本共産党の値打ちが光っています。来たるべき総選挙での躍進にむけ、また「大運動」の推進のうえでも、その値打ちを深くつかみ、国民に希望を届ける活動にとりくみたいと思います。

　内政にかかわって、日本共産党が9月28日に発表した「経済再生プラン」は、「失われた30年」を打開し、暮らしに希望を届ける抜本的改革の道を明らかにした、わが党ならではの先駆的かつ現実的提案であります。

　なぜ物価高騰のもとでこうも暮

らしが苦しいのか。「経済再生プラン」は、物価高騰に暮らしの悲鳴があがっている根本に、長期にわたって賃金が上がらない、重すぎる税金と貧しすぎる社会保障・教育、食料とエネルギーが自給できないという、30年におよぶ経済停滞と暮らしの困難――「失われた30年」があることを告発しています。そして、それらをつくりだしたのが、財界の目先の利益最優先の政治であることを明らかにし、三つの柱で経済政策の抜本的転換の提案を行っています。

第一は、政治の責任で賃上げと待遇改善をすすめる――人間を大切にする働き方への改革です。第二は、消費税減税、社会保障充実、教育費負担軽減――暮らしを支え格差をただす税・財政の改革です。第三は、気候危機の打開、エネルギーと食料自給率の向上――持続可能な経済社会への改革であります。

この30年、日本経済が深刻な停滞と衰退のなかにあり、暮らしの困難が続いていることは、誰もが否定できない事実であります。この点では、岸田首相も、9月25日の経済対策についての会見で、「長年続いてきたコストカット型の経済」が、賃金や設備投資までコストカットの対象として削ってきたことで、「消費と投資の停滞」を招いてきたことを指摘し、「30年ぶりに歴史的転換を図る」と強調せざるを得ませんでした。ところが首相は、「コストカット経済」にしたのは誰か、責任はどこにあるのか、どうすればそこから抜け出すことができるのかについては、何一つ語ることはできませんでした。

しかし、原因と責任がどこにあるかは明瞭であります。賃金コストの削減のために非正規雇用労働者を増やし続けてきた、社会保険料コストの削減のために年金・医療・介護の連続改悪を進めてきた、税コストの削減のために法人税を連続減税し、その穴埋めに消費税の連続増税を強行してきた――「コストカット経済」なるものは、財界の目先の利益最優先の自民党政治がつくりだしたものであり、その結果が「失われた30年」となったことは明らかではありませんか。

日本共産党の「経済再生プラン」は、政治のこのゆがみを「もとから変える」立場にたってこそ、「失われた30年」から抜け出し、暮らしに希望がもてる日本をつくれることを、太く明らかにしています。それは「経済無策」の岸田政権と鮮やかな対照をなす、力ある先駆的提案であります。みなさん、この内容を大いに語り、その実現のための国民運動をあらゆる分野で大いに起こしていこうではありませんか。

日本共産党の外交政策こそ世界の本流にたったもの――二つの国際会議について

安保・外交にかかわっては、岸田政権の進める敵基地攻撃能力保有と大軍拡の正体が、米国が主導し、先制攻撃を基本原則とする「統合防空ミサイル防衛」（ＩＡＭＤ）に参加するためのものであり、「日本を守る」という名目とは反対に、日本を危険にさらすものとなることが、政府の来年度予算概算要求などでも、いよいよ明らかになっています。この危険な暴走を許さないたたかいに全力をあげてとりくみたいと思います。

同時に、私が、強調したいのは、日本共産党が訴えてきた国際的道理にたった外交によって平和を創造するという道こそが世界の本流であることが、この間の国際政治の動きをつうじても浮き彫りになっているということです。二つの国際会議に注目したいと思います。

一つは、９月９日～10日にインドで行われたＧ20首脳会議であります。今年のＧ20首脳会議は、ウクライナ問題をめぐる厳しい対立を抱えながらも、困難と見られていた首脳宣言の発出にこぎつけました。Ｇ20首脳宣言は、ロシアに対する直接の名指しの批判は避けつつも、２０２２年と23年の２回の国連総会決議――ロシアの侵略を国連憲章違反と批判し、ロシア軍の即時無条件撤退を求め、世界の１４０カ国以上が賛成した国連総会決議を「再確認」すると明記し、国連憲章に沿ったとりくみの重要性を強調するものとなりました。インド、ブラジル、南アフリカをはじめとする新興国がイニシアチブを発揮してまとめあげた首脳宣言を、アメリカ、ロシアともに受け入れたのです。これは注目すべき出来事であります。

日本共産党は、ウクライナ問題の解決の道として、「国連憲章を守れ」という一点で世界が団結することが何よりも重要であると一貫して主張するとともに、「民主主義対専制主義」などの図式で世界を二分する主張に対して、国際社会の団結に障害を持ち込むとして批判してきました。インドでのＧ20首脳会議の結果は、日本共産党の立場こそが国際政治の本流に立ったものであることを示すものとなりました。

こうした動きの根底には、植民地体制の崩壊という20世紀の世界の構造変化の生きた力が働いていることを、私は、強調したいと思います。改定綱領が明らかにしているように、今日の世界は、一握りの大国が思いのままに動かせる世界ではなく、「グローバルサウス」とも呼ばれる新興国・途上国が、国際政治の有力なプレーヤーとなる世界となっているのであります。

日本政府は、首脳宣言をつくる過程で「カヤの外」に置かれていたことが報じられましたが、これは日米同盟を「基軸」と絶対視する硬直した立場にしがみついていては、世界のダイナミックな動きに対応できないことを示すものにほかなりません。

いま一つは、９月５日～７日、インドネシアで開かれたＡＳＥＡＮ（東南アジア諸国連合）首脳会議と東アジアサミット（ＥＡＳ）で示された平和の国際秩序づくりの着実な前進であります。ＡＳＥＡＮは今回の首脳会議で、米国、中国、韓国との間で「ＡＳＥＡＮインド太平洋構想」（ＡＯＩＰ）協力に関する共同声明を採択し、これで東アジアサミットに参加するほとんどの国とＡＯＩＰ協力を推進する共同声明を持つことになりました。さらに、東アジアサミット首脳声明に、「ＡＳＥＡＮインド太平洋構想（ＡＯＩＰ）を主流化し実践するＡＳＥＡＮのとりくみを支持する」ことが明記されたことは重要であります。

ＡＯＩＰは２０１９年のＡＳＥＡＮ首脳会議で採択されたさいには構想だったものが、いまや関係諸国の合意をえて実践する事業となっているのであります。日本共産党は、ＡＯＩＰの実現を共通の目標にすえ、東アジアを戦争の心配のない平和な地域にしていくための「外交ビジョン」を推進していくことを一貫して訴えてきましたが、この方向にこそ未来があることを、一連の動きははっきりと示しています。

世界には厳しい対立、複雑な逆行も存在しますが、同時に、平和への希望ある流れの確かな広がりも生まれています。みなさん、日本共産党が提唱してきた外交政策が、世界の本流と響きあっていることに確信をもって、平和の対案を大いに訴えていこうではありませんか。

「大運動」の到達点――運動の飛躍をつくりだすための重要な土台を築いてきた

「大運動」の到達点と強化方向についてのべます。

8中総が呼びかけた「党勢拡大・世代的継承の大運動」は、折り返し地点を迎えました。その到達点をどうみるか。私たちの運動の到達点は、「130％の党」という目標にてらせば、大きな距離を残しています。同時に、この3カ月間のとりくみによって、党大会までの残り3カ月間の頑張りいかんでは運動の飛躍をつくりだすための重要な土台を築いてきたことを、みんなの共通の確信にして、ここで飛躍に転じることを訴えたいと思います。

第一は、党建設の根幹である党員拡大で、ほぼ止まってしまっていた運動を起動させ、入党の働きかけの自覚化・日常化がはかられつつあることであります。

全党の奮闘によって、3カ月間で2万1653人の方々に入党の働きかけを行い、1870人の新しい同志を党に迎えいれました。党員拡大運動は、党員現勢で毎月前進するという水準にいたっていませんが、働きかけ数でも、入党者数でも、「大運動」前の3倍～4倍の規模の運動に前進させてきたことは重要であります。全党のみなさんの奮闘に敬意と感謝をのべるとともに、新しく入党されたみなさんに対して、第9回中央委員会総会として、心からの歓迎のあいさつを送ります。

「しんぶん赤旗」の読者拡大では、7月は日刊紙、日曜版とも前進をかちとりましたが、8月、9月は、わずかに届かない結果となりました。党勢拡大の根幹である党員拡大で前進をつくりながら、読者拡大でも前進をはかることは、突破すべき重要な課題となっています。

8中総で「特別決議」を採択し、「ここから党の未来をつくっていく」と党の総力をあげたとりくみを呼びかけた青年・学生分野で、この間、新たな前進をつくりだしている民青同盟が、今年はさらに昨年の年間拡大数をすでに突破し、2000人の拡大目標を達成する流れをつくりだしていることは、大きな希望であります。

第二は、8中総が支部からの「返事」に学んで提起した「六つの法則的活動」の方向を、中央と支部が双方向で学びあいながら、さらに開拓してきたことであります。

この間、中央として、7月の「要求運動・車の両輪オンライン交流会」、8月の「若い世代・真ん中世代の地方議員の学習交流会」、9月の「職場支部学習・交流講座」、「全国都道府県・地区青年学生担当者会議」、「配達・集金・読者との結びつき交流会」などの一連の会議にとりくんできました。

これらの会議にあたって、私たちが貫いてきた基本姿勢は、8中総決定の核心を深く学び、中央決定で確固とした団結をつくりだすとともに、中央と支部が双方向で学びあい、全国の支部が互いに学びあうなかで、ともに前進の道を見つけ出していこうというものでした。どの会議でも共通した特徴は、「明るさ」がはじけた会議になったことです。進んだ党組織からの経験が報告されるとともに、困難に直面している党組織からそれを打開して奮闘する決意が語られたことも感動を呼びました。

一連の会議の成功は、すでに党勢拡大運動でも力を発揮しつつありますが、今後、「大運動」のとりくみを飛躍させるうえで、深いところから力を発揮する共通の財産となるし、またそうしていかなければならないと思います。「若い世代・真ん中世代の地方議員の学習・交流会」をはじめ、双方向での学びあいのとりくみは、都道府県段階でも大いにすすめていただくことを訴えるものです。

　第三は、党史『日本共産党の百年』と、党創立１０１周年記念講演が、党づくりのうえでも強力な推進力となりはじめていることであります。

　大分県・北部地区・別府市の南立石支部は、記念講演を、支部長を含む数人でリアルタイムで視聴し、「よし、やろう」とその場から党員拡大に踏み出す決意を固め、4～5年かけて信頼関係を深めてきた男性と入党懇談会を行い、党に迎えています。支部長の同志は、記念講演を視聴して、自身が18歳で就職した大手企業で党員としてさまざまな嫌がらせを受けながら、権利を主張するだけでなく仕事も誠実にとりくんできたこと、退職時に上司から「あなたの仕事への姿勢はすばらしい」と定年延長を言われたさい、「共産党員としての生き方を大切にしてこそ会社の利益にもなります」と語ったことも思い起こし、「自分の54年の党員人生と、どんな困難にも負けずに歩んできた党の百年史は相通じる。党員でよかった」と語り、この党を大きくする新たな決意を固めたと聞きました。

　私は、先日、鳥取県で行った対話集会で、「共産党の人は、どんな小さな悩みも親切に聞いてくれる。みなさん、苦労してきて、いろんなことを悩んで、それを乗り越えてきたからだ。それは共産党の１００年の歴史と同じだと思う。苦労してきたから、それを乗り越えてきたから、人の痛みがわかる。そういう共産党に入ってよかった」という発言を聞き、とても感動しました。

　『百年』史と記念講演が大きな感動を広げているのは、１００年余の歴史で、この党を支えた誠実で勇気ある人間のたたかい――試練を乗り越えて成長する生きた人間のたたかいを描いているからだと思います。多くの同志が、党史を深く学ぶなかで、それを自身の党員人生と重ね合わせて、明日へのたたかいの新たな勇気を得ていることは、たいへんにうれしいことであります。

　『百年』史と記念講演の大学習運動にとりくみ、「大運動」の一大推進力にしていくことを心から訴えるものであります。

いまこそ「大運動」の飛躍を――支部・グループへの「第二の手紙」を力に

　全国のみなさん、いよいよ党大会まで3カ月です。

　いまこそ「大運動」の飛躍をつくりだすときであります。

　どうやって飛躍をつくるか。その最大のカギは、「大運動」を全支部、全党員の運動にしていくためにあらゆる知恵と力をそそぐことにあります。ここに徹したとりくみで必ずや飛躍をつくりだしていこうではありませんか。

　「大運動」で入党の働きかけに踏み出した支部は毎月約2割程度です。読者拡大で成果をあげた支部は毎月約2～3割程度です。半数以上の支部がこの運動に立ち上がれば大きな飛躍が起こります。全支部の運動にすれば目標達成の展望が一挙に見えてきます。支部のもつ自発的エネルギーにトコトン依拠し、全支部の運動にしていくために、ブレずに、うまずたゆまず力をそそぐことこそ、飛躍をつくる最大のカギであります。

そのために、第9回中央委員会総会として、すべての支部・グループのみなさんにあてて、「大運動」への総決起を訴える「第二の手紙」を送ることを提案します。「第二の手紙」（案）では、直面する内外情勢と党の政治任務に照らしても、日本共産党の100年余の歴史的発展段階に照らしても、「130％の党」づくりを成功させることの意義が、いよいよ切実で重大なものとなっていることを踏み込んで解明しています。この間とりくんできた双方向・循環型のとりくみをさらに発展させるとともに、支部がさまざまな躊躇《ちゅうちょ》を乗り越えて党勢拡大に「踏み切る」うえでその「背中を押す」内容になっています。そして7中総の「手紙」への「返事」を寄せてくれた支部に対して、「返事」に記された内容をともに実践していくとりくみを訴えるとともに、「返事」をまだ寄せるにいたっていない支部に対して、いまからでも「返事」を寄せていただき、この歴史的事業をともにとりくむことを心から呼びかけています。

「第二の手紙」（案）の具体的内容は、小池書記局長・「大運動」推進本部長が提案します。9中総の英知を結集して、この手紙を仕上げ、全国1万7千の支部・グループにそれを発信し、お届けし、「第二の手紙」を力に、「大運動」をすべての支部・グループが参加する運動へと一挙にギアチェンジをはかっていくことを心から訴えるものであります。

党機関がどういうイニシアチブを発揮するか――三つの点について

全支部、全党員の運動にしていくうえで、党機関がどういうイニシアチブを果たすか。私は、問題提起として三つの点を訴えたいと思います。ぜひ討論で深めていただきたい。

その第一は、目標達成への決意と構えを繰り返し議論し、法則的活動の推進と一体に、拡大を推進していく独自の具体的手だてをとりきるということであります。

福岡県では、「大運動」通算で1786人に入党を働きかけ、207人を党に迎え、大会時現勢回復まであと103人に迫っています。内田裕県委員長は、「一番重視したのは、なぜ130％の党づくりか、目標をやり抜く構えを、『手紙』に立ち返って何度も何度も議論し、固めていったことです。とりわけ党勢拡大が今日の階級闘争の焦点になっていることを明らかにし、『絶対に攻撃に負けられない』と繰り返し議論してきたことです」と語っています。こうした県委員会とその長の姿勢が、地区委員会に広がり、県党全体のものとなっていったとの報告であります。

党機関の目標達成への決意と構え、具体的手だてがどうだったか。率直で自己分析的な議論を行い、深い決意を固めあう総会としていこうではありませんか。

第二は、8中総決定と記念講演を深くつかみ、党の綱領と組織のあり方への攻撃を断固として打ち破り、「わが党に対する攻撃を前進の力に転化する」「党勢拡大こそ反共攻撃に対する最大の回答」という攻勢的立場で奮闘することであります。

福岡県の経験はそのことがいかに重要かを教えています。

東京・新宿地区委員会は、9月に3割をこえる支部が入党働きかけに踏み出し10人を党に迎えていますが、とりわけあいまいにしないように努力してきたのが、反共攻撃を打ち破る構えをつくることだったとの報告が寄せられています。党の組織のあり方、指導部のあり方にかかわる攻撃が党内にも一定の影響をおよぼしていることを直視し、繰り返しニュースを発行して8中総決定の核心を深く全体のものにし、攻撃を正面から打ち破る政治的な構えをつくってきたことが前進の決定的な力になったとのことであります。

8中総決定の全党員の読了・徹底を引き続き最優先課題にすえ、どんな反共攻撃に対しても、ひるまず攻勢的に打ち破る構えをつくることは、現局面で党機関に求められるもっとも大切な仕事の一つであることを強調したいと思います。

第三は、党機関の体制が弱いもとで、いかにして支部に指導と援助を届けるかという問題であります。

私は、この間、いくつかの県を訪問して、党機関の同志と懇談する機会がありましたが、共通して出されたのは、「支部を援助する体制が弱い」といった悩みでした。ある県での懇談では、地区委員長の同志が、地方議員を兼任し、週5回の早朝配達にもとりくみ、専従の常任委員がいないという実情も語られました。

こうした現状も少なくないもとで、全支部参加の運動をどうつくるか。総会での率直な討論をお願いしたいと思いますが、ここで強調したいのは、「支部は大きな力を持っている」ということに深い信頼をおいて、支部の意欲と力をいかにして引き出し、結集するかという立場でとりくみの開拓をはかることであります。

京都・南地区委員会は、常勤者は地区委員長と出張所長のみですが、支部長会議を重視し、毎週さまざまな形で定期的に開催し、それが支部が学びあう場、生まれた変化を持ち寄る場になり、9月は32％の支部が入党の働きかけに踏み出し、6人を新しく党に迎えています。河合秀和地区委員長は、「生きた実例ほど説得力をもつものはありません。そのために、毎週毎週、新しく党員を迎えた経験をつくり、それをみんなで学びあうことが、前進をつくる鉄則であり、地区委員長の仕事だと考えています。毎回の支部長会議で『新・綱領教室』を学習してきたことも、会議を楽しく元気の出るものにするうえで力となっています」と語っています。

こうした活動ならば、地区の体制の弱いところでも、決意と工夫いかんではできるのではないでしょうか。党機関から支部に対してともに「大運動」を推進していこうとの真剣な提起を行うとともに、支部長会議など支部同士の交流と学びあいの機会をつくることで、支部の「踏み切り」を後押ししていくというとりくみも大切ではないでしょうか。

「大運動」を全支部、全党員の運動にしていくための党機関のイニシアチブについても、この総会での率直な討論によって深めていただくことをお願いしたいと思います。

第29回党大会の招集と任務について

最後に、第29回党大会の招集と任務について提案します。

党規約にもとづき、招集の提案を行います。

招集日は２０２４年１月15日(月)、会期は18日までの４日間とします。議題は、①大会決議と中央委員会報告、②新中央委員会の選出、③その他――とします。場所は伊豆学習会館であります。

第28回党大会が決定した綱領一部改定、政治任務と党建設についての二つの決議は、この4年間、大きな生命力を発揮しています。来たるべき党大会での大会決議と中央委員会報告は、改定綱領が発揮している生命力を明らかにするとともに、党の政治任務と党建設という二つの大問題について、4年間の実践を踏まえて、新しい発展方向を打ち出すものとなるようにしたいと考えています。

「長い経験と豊かな知恵をもつ試されずみの幹部」と「将来性のある若い新しい幹部」の結合というわが党の幹部政策の原則を踏まえて、新中央委員会と新指導部を選出していくことも、大会の重要な任務であります。

一部に早期の解散・総選挙の可能性が取りざたされています。総選挙の方針は、すでに8中総決定で全面的に明らかにされており、候補者擁立の加速、予定候補者を先頭にしたとりくみの強化、大量宣伝の強化など、いついかなる時に解散が行われたとしても躍進をからとるための準備を行うことが重要であります。わが党は、野党共闘の再構築のために可能な努力を払います。連携・協力の明確な意思が示されれば、前に進むことができることを強調しておきたいと思います。

同時に、私が、何よりも強調したいのは、「大運動」を飛躍させることこそが、総選挙躍進のうえでも最大の力となるということであります。この点を揺るがずに貫くことを訴えたいと思います。

第29回党大会は、１００年を超える試練に耐えて路線と活動を発展させてきた日本共産党が、新たな躍進の時代を開くための歴史的大会となります。「大運動」の目標を総達成し、全党の力で大会を歴史的成功に導くことを心から訴えて、あいさつといたします。

（「しんぶん赤旗」２０２３年10月6日付）

「第29回党大会成功、総選挙躍進をめざす党勢拡大・世代的継承の大運動」の目標総達成をよびかける全党の支部・グループのみなさんへの手紙（第二の手紙）

2023年10月6日　第9回中央委員会総会

（1）

全党の支部・グループのみなさん。

今年1月5日、第7回中央委員会総会として送った「『130％の党』をつくるための全党の支部・グループへの手紙」に、全国の8400を超える支部・グループから「返事」が届いています。

私たちが感動をもって受け取ったのは、「やれるだろうか」という率直な思いから出発し、「手紙」を繰り返し討議するなかで、支部の存在意義を確かめあい、「わが支部でも一歩踏み出そう」という党づくりへの熱い思いがつづられていることです。まだ「返事」を寄せるにいたっていない支部でも、「手紙」を真剣に受け止め、党づくりに正面から向き合う議論がされていることは、たいへんに心強いことです。

6月24～25日の第8回中央委員会総会が呼びかけた「第29回党大会成功、総選挙躍進をめざす党勢拡大・世代的継承の大運動」は、「130％の党」という目標には大きな距離を残してはいますが、全党の奮闘によって、3カ月で2万1600人以上に入党を働きかけ、1870人の新しい党員を迎えるなど、党建設の根幹である党員拡大が前に動きだし、今後の頑張りいかんでは飛躍を起こす重要な土台を築いています。

同時に、私たちの目標を総達成するには、残る3カ月、全党のもつあらゆる力を集めて運動の大飛躍をはかることがどうしても求められます。その道はただ一つ、すべての支部・グループがたちあがり、すべての党員がこの運動に参加することにある――第9回中央委員会総会は、その固い決意にたって、全党の支部・グループのみなさんに「第二の手紙」を送ることにしました。

第29回党大会の日程は、来年1月15日から18日に決まりました。すべての支部と党員のみなさんが心を一つに、「大運動」の目標の総達成に挑戦し、歴史的党大会をみんなの力で成功させようではありませんか。

（2）

全党の支部・グループのみなさん。

なぜ「130％の党」づくりか。今年1月の7中総の「手紙」では、その三つの意義――①党が直面している政治任務を実現する、②より長期の視野にたって党の綱領路線を実現する、③党の現状は、いま抜本的な前進に転じなければ未来がなくなる危機に直面しているとともに、前進に転じる大きな可能性がある――を訴えました。

直面する内外情勢と党の政治任務に照らしても、日本共産党の100年余の歴史的発展段階に照らしても、「130％の党」づくりと青年・学生、労働者、真ん中世代の「党勢倍加」を成功させることの意義が、いよいよ切実で重大なものとなっています。

内政でも外交でも、岸田政権の行き詰まりが深刻になり、国民のなかで不信と怒りが渦巻いています。深刻な行き詰まりを打開し、国民が希望をもてる新しい政治をつくるためには、つよく大きな日本共産党をつくること、その力で総選挙で党の躍進をかちとることがどうしても必要です。

なぜ物価高騰のもとでこうも暮らしが苦しいのか。9月28日、日本共産党が発表した「経済再生プラン」は、国民の生活苦の根本に、①長期にわたって賃金が上がらない、②重すぎる税金と貧しすぎる社会保障・教育、③食料とエネルギーが自給できないという、30年におよぶ経済停滞と暮らしの困難――「失われた30年」があることを告発し、暮らしに希望を届ける抜本的改革の道を明らかにしました。財界の目先の利益最優先の政治をもとから変える、わが党ならではの先駆的で現実的な提案です。「経済再生プラン」の内容を大いに語り、切実な暮らしの願いを実現するための国民運動をあらゆる分野で起こしていこうではありませんか。

岸田政権の進める敵基地攻撃能力保有と大軍拡の正体が、米国が他国に対して先制攻撃を行うさいに自衛隊が一体となって攻撃に参加するためのものであり、「日本を守る」という名目とは反対に、日本を危険にさらすことが、いよいよ明らかになっています。「ASEANインド太平洋構想」（AOIP）の実現を共通の目標にすえ、東アジアを戦争の心配のない平和な地域にしていく、日本共産党の「外交ビジョン」の方向にこそ、希望ある未来があることは、この間の世界の流れでも力強く示されています。憲法に背く戦争する国づくりに断固反対するとともに、平和を築く希望を語り広げようではありませんか。

自民党政治の行き詰まりは目を覆うばかりです。30年におよぶ経済停滞と暮らしの困難を前にして、まったく打つ手なしの「経済無策」。アメリカに自ら進んで従属する卑屈な政治のもとで続けられている、外交不在・軍事一辺倒の暴走。そして世界でもひどい「ジェンダー不平等・人権後進国日本」。来たるべき総選挙は、こんな政治を続けていいのかが問われる歴史的政治戦になります。

いまみんなの力を一つに集めて、「大運動」を成功させることは、来たるべき総選挙において、岸田自公政権とその補完勢力に厳しい審判を下し、日本共産党の躍進をかちとり、国民が希望がもてる新しい政治をつくるために、どうしても必要です。つよく大きな党をつくり、反転攻勢を必ず果たそうではありませんか。

（３）

全党の支部・グループのみなさん。

いま一つ、訴えたいのは、日本共産党の１００年余の歴史的発展段階とのかかわりで、「１３０％の党」をつくる意義についてです。

党史『日本共産党の百年』と党創立１０１周年記念講演は、「たたかいの弁証法」――試練にたちむかい、成長、発展してきた１００年余の歴史に学び、つよく大きな党をつくることを呼びかけています。そして、１００年余の歳月を経たわが党の歴史的発展段階について、次の点を明らかにしています。

――第一に、「先人たちの苦闘、全党のみなさんの奮闘によって、党は、世界的にもまれな理論的・政治的発展」をかちとってきたということです。わが党は、「50年問題」を解決するなかで自主独立路線と綱領路線を打ち立て、ソ連・中国の二つの覇権主義との闘争のなかで、また日々ぶつかる日本と世界の諸問題とのきりむすびのなかで、マルクス・エンゲルスの本来の理論を復活させ、綱領路線の発展にとりくんできました。その内容は、世界でも他に例のない先駆的で誇るべきものです。

――第二に、「組織的にも時代にそくした成長と発展のための努力を続けてきた」ことです。わが党が、民主集中制を分かりやすく定式化するとともに、党の組織と運営の民主主義的な性格をいっそう明確にした規約改定を行い、「双方向・循環型」の活動の開拓と発展の努力を続けてきたことはその重要な内容です。

――第三は、同時に、党は、１９８０年代から90年代以降の時期、国内での反動攻勢、旧東欧・ソ連の崩壊という世界的激動と反共の逆風という条件のもと、全党のみなさんの奮闘が続けられてきたものの、なお長期にわたる党勢の後退から前進に転じることに成功しておらず、ここに「党の最大の弱点」があることです。

――第四は、自民党政治と国民との矛盾が限界に達し、世界資本主義の矛盾が深刻化するもとで、「大局的・客観的に見るならば、日本はいま新しい政治を生み出す〝夜明け前〟とも言える歴史的時期を迎えている」ということです。

わが党のかちとってきた世界的にもまれな理論的・政治的発展、時代にそくした組織的成長と発展の努力に深い確信を持ち、「党の最大の弱点」である党づくりの立ち遅れを打開し、後退から前進への歴史的転換をかちとり、〝夜明け前〟を〝夜明け〟に変えよう――これが『百年』史と記念講演の呼びかけです。

多くの同志が、『百年』史と記念講演を、自らの党員人生と重ねて受け止め、苦闘と開拓の歴史に誇りを持ち、つよく大きな党づくりへの決意を固めていることは、たいへんに重要なことです。先人たちの奮闘の姿が若い世代に感銘を与え、「人生をこの党とともに進もう」と受け止められていることもうれしいことです。『百年』史と記念講演の大学習運動にとりくもうではありませんか。「１３０％の党」をつくる意義を、党の歴史的発展段階とのかかわりで深くとらえ、目標の総達成に挑もうではありませんか。

（４）

全党の支部・グループのみなさん。

私たちが、7中総で出した「手紙」いらい、一貫して力をそそいできたのは、「130％の党」づくりの事業を、「双方向・循環型」ですすめる――中央と支部とが互いに学びあいながら開拓していくということでした。

　私たちは、8中総で、みなさんから寄せられた「返事」に党活動を前進させる「豊かな宝庫」があることを深く学び、六つの点で、「法則的活動をともに開拓する」ことを決意し、この3カ月、その具体化として、一連の会議にとりくみ、中央と支部との学びあいと探究を発展させてきました。

　7月の「要求運動・車の両輪オンライン交流会」、8月の「若い世代・真ん中世代の地方議員の学習交流会」、9月の「職場支部学習・交流講座」、「全国都道府県・地区青年学生担当者会議」、「配達・集金・読者との結びつき交流会」など、各分野の会議と交流会は、どれも地域・職場・学園で根をはって活動する支部の存在意義への確信と誇り、支部の活動からつかみだした手がかり、ヒント、教訓、可能性が語り合われ、〝明るさ〟がはじける会議になりました。

　「世帯数の53％から改憲反対署名を集めた。その結果、地域が手のひらにのり、『集い』が開きやすくなり、入党の働きかけもできるようになった」（「車の両輪」交流会）、「党も民青も『ゼロからの出発』だったが、3年で二つの民青学生班と学生支部を結成した」（青年学生担当者会議）、「新たに3人の党員を迎えて『130％』を実現。普段からのつながりが大事。そのなかから、悩みごとを共有できる仲間ができてくる」（職場講座）――多くの支部がぶつかっている悩みを打開していく「宝庫」がさらに豊かにされています。これらの会議に学び、党の世代的継承という緊急かつ切実な課題に全党が向かっていく流れがつくられていることは、大きな希望です。

　全党の支部・グループのみなさん。7中総いらいの9カ月間にとりくんできた「手紙」と「返事」の運動がつくりだしてきた「豊かな宝庫」を生かし、さらに発展させ、「大運動」を飛躍させ、その目標を必ずやりとげようではありませんか。

（5）

　全党の支部・グループのみなさん。

　党勢拡大の前進のためには、法則的活動と一体に、党勢拡大の独自の追求、独自の手だてをとることがどうしても必要です。それは一つひとつの支部のみなさん、一人ひとりの党員のみなさんにとって、新しい「踏み切り」を必要とするものですが、どうか残る3カ月、みんなで新しい「踏み切り」に挑戦してほしい。これが私たちの心からの訴えです。

　第一の挑戦は、入党を働きかける対象を大きく広げていくことです。

　みなさんの支部では、入党を働きかける対象について、どう議論しているでしょうか。「あの人はまだ早い」「前に声をかけて断られたから」と、私たちの側から働きかけを狭めていないでしょうか。「あなたと力をあわせたい」という働きかけを、対象を狭めず、思い切って広く訴えていきましょう。

　第二の挑戦は、一人ひとりの入党の初心を語り、相手の方に〝入党してほしい〟という思いを正面から伝えることです。

　みなさんの支部では、「集い」に誘った人、演説会に参加した人、選挙や後援会活動で協力した人に、「あなたに入党してほしい」と正面から訴えているでしょうか。相手のためらいや不安にこたえる話し合いができているでしょうか。もちろん自ら進んで入党を申し込む方もおられます。しかし、多くの党員は、まわりの党員から自分の生き方を考える問いかけをされ、さまざまな不安を乗り越えていく励ましをうけて決意されたのではないでしょうか。入党する踏み切りを励ます働きかけを広げていきましょう。

第三の挑戦は、気軽に「集い」―「入党懇談会」を開いていくことです。

みなさんの支部では「集い」を難しく考えていないでしょうか。「集い」は大規模に人を集める形もありますが、少人数で気軽に開催し、声をかけたい人の都合や聞きたいことにあわせて日程を決め、入党の働きかけの機会にする「ミニ集い」も力を発揮します。「集い」を開けば相手の方の党への理解や共感は必ず深まります。志位委員長の「入党のよびかけ」「一問一答」の動画などを使い、「ミニ集い」を大いに開いていきましょう。

第四の挑戦は、8中総の「特別決議」を討議・具体化し、青年・学生のつながりを出しあい、働きかけに踏み出すことです。

青年・学生支部はもとより、地域支部が結びついている党員、読者、後援会員の結びつき、職場支部が結びついている青年労働者、地方議員の活動を通じての結びつきを全党でだしあうならば、若い世代に大規模に働きかけていくことができるのではないでしょうか。

全党の支部・グループの力で、「数万の民青」「1万人の青年学生党員」の実現への道をひらく「大運動」にしていきましょう。

第五の挑戦は、「しんぶん赤旗」読者拡大でも、「赤旗」の値打ちに確信をもって、広く購読をよびかけていくことです。

みなさんの支部では、「赤旗」の魅力をどのように語りあっているでしょうか。いま大手メディアが、「権力の監視」というジャーナリズム本来の役割を果たしていないもとで、タブーなく真実を伝え、希望を運ぶ「しんぶん赤旗」の役割が際立っています。みなさんが苦労しながら支えている紙の「赤旗」の配達・集金網は、人と人とのあたたかい連帯のきずなとなっています。「しんぶん赤旗」中心の党活動の原点にたって、「赤旗」をよく読み、要求活動、後援会活動、「折り入って」作戦での結びつき、党員のつながりに光をあて、広く購読をよびかけていきましょう。

第六の挑戦は、「週1回」の支部会議を確立し、8中総決定の読了・徹底を引き続き最優先課題にすえ、『百年』史と記念講演の大学習運動にとりくむことです。

8中総決定と記念講演を深くつかみ、党の綱領と組織のあり方への攻撃を断固として打ち破り、「党への攻撃を前進の力に転化する」「党勢拡大こそ反共攻撃への最大の回答」との立場で奮闘しましょう。

党大会まで残り3カ月。目標をやり抜くためには全党が特別の臨戦態勢をとることが必要です。それでは支部にとって最大の臨戦態勢は何か。「週1回」の支部会議を開催することです。「週1回は困難」という声もあります。しかし「週1回」にしてこそ困難を打開することができるのではないでしょうか。この会議の場を、お互いに経験を交流し、綱領と党史の学習にとりくみ、「楽しく元気の出る」場にしていく。このことこそ、困難を打開して、支部が深いところから力を発揮していく一番の力になるのではないでしょうか。

（6）

全党の支部・グループのみなさん。

最後にお願いがあります。

「第一の手紙」を議論し、「返事」を寄せていただいた支部のみなさん。この「第二の手紙」をさらに討議していただき、支部の「返事」に書かれた目標と計画を、党大会にむけたとりくみで必ず実らせようではありませんか。「返事」では、目標と計画を明記するまでには至らず「まず一歩踏み出します」と書かれたものも少なくありません。しかし「まず一歩踏み出す」。そのことを全国の支部がやるならば、大飛躍が起こります。支部が直面している悩みや困難も、「まず一歩踏み出す」なかで解決していこうではありませんか。

「返事」をまだ寄せるにいたっていない支部のみなさん。すでに「返事」を書き、前進を開始している多くの支部も、「130％はできる」という確信を持った上で「返事」を書いたり、実践をはじめたりしたところばかりではありません。〝困難はあっても支部の灯を消すわけにいかない〟〝できるかどうかで悩むより、返事を出して踏み出してみよう〟と、「大運動」に踏み出し、そのなかでたしかな手ごたえをつかんだという支部が大半です。ですからどうか今からでも、この「第二の手紙」を支部で議論し、その受け止めを「返事」にしたためてお寄せください。

ある支部から中央委員会に次のような「返事」が届きました。

「7中総が決定した手紙に、支部が呼応して返事をしたためる任務。目にした瞬間、尻込みを覚えました。力こぶを失い、辛くも立っているだけのわが支部に、手紙が提起する課題を実践するエネルギーが残っているのか。この実感ゆえにです。けれども、尻込みを払拭《ふっしょく》する指摘が、同じ手紙の一節をなしていました。修正して挿入された、血を吐くような言葉。困難に直面する支部も、存在すること自体に貴重な役割があり、その灯を消してはならない――。風前のともしびの支部にとって、まさに魂に触れる励ましでした。そうであったか。そうであるなら諦めに安住せず、強い風にも吹き消されぬよう、もうひと踏ん張りせねばと気づきました」

全国の支部とグループのみなさん。ともに力をあわせて「大運動」を必ず成功させ、第29回党大会を歴史的成功に導こうではありませんか。

（「しんぶん赤旗」2023年10月7日付）

第9回中央委員会総会

小池書記局長の結語

2023年10月6日

2日間の会議、お疲れさまでした。会議では52人の同志が発言をされました。全国では、リアルタイム視聴の合計が2万7455人、ユーチューブの録画再生回数は現時点で3万2千回となっています。全国から439通の感想が寄せられました。

全体として、志位委員長のあいさつ、そして支部への「第二の手紙」を積極的に受け止めた真剣で深い討論がおこなわれました。とくに、8中総以降とりくんできた「大運動」を、文字通りの全支部、全党員運動に発展させ、「130%の党」の目標を党大会までに総達成すること、そのために9中総として全国の支部・グループにあてて総決起を訴える「第二の手紙」を送るという提案が歓迎されています。そして歴史的な第29回党大会を全党の力で必ず成功させようという、決意みなぎる総会になった。このことを確認したいと思います。

「大運動」の到達を両面からとらえて

「大運動」の到達点をどうとらえるか。この間の全党の奮闘によって、頑張りいかんでは運動の飛躍をつくりだす重要な土台をつくってきた。志位委員長のあいさつでは、こういう現状の評価をしました。このことは総会の議論を通じて共通の確信になったのではないでしょうか。その結果、とても明るい会議になったと思います。

同時に、党機関の構え、手だてについて、ここは率直に自己分析が必要だと思います。弱点も突破すべき点も直視しなければなりません。党機関としては、重要な土台をつくったという面と、弱点、突破すべき点があるという、その両面でとらえる。この重要性が討論で深められたと思います。

感想文でも、全支部、全党員の運動にしていくうえで党機関がどういうイニシアチブを発揮すべきか、志位委員長が強調した三つの点、この一つ一つが共感をもって受け止められています。

討論で、鹿児島の松崎真琴県副

委員長は、8月の全国都道府県委員長会議に参加した県委員長から「熱量を感じた」と言われました。「この県委員長の熱意、思いをどう自分のものにしていくのか。どうすべての県常任委員のものにしていくのか、地区委員長のものにしていくのか、そこが課題だ」と。さらに、その決意を、その時だけの決意に終わらせず、すべての機関、支部に伝えることだと言われました。まさにこうした努力が党機関に求められているのではないでしょうか。こうした努力をお互いに深めて、党機関のイニシアチブを発揮するために全力をあげていこうではありませんか。

全支部運動、全党員運動こそ「最大のカギ」

二つ目に、最大のカギは、全支部運動、全党員運動にしていくことだ——これが、砂に水がしみこんでいくように、また霧が晴れるかのように入っていきました。

静岡の山村糸子県委員長が、率直な発言をされました。

「10月にどう打ち出すか、迷いがあった。考えあぐねていた。9中総はその悩みにズバリ答えてくれた。志位さんのあいさつのなかで、『半数以上の支部がこの運動に立ち上がれば大きな飛躍が起こります。全支部の運動にすれば目標達成の展望が一挙に見えてきます。支部のもつ自発的エネルギーにトコトン依拠し、全支部の運動にしていくために、ブレずに、うまずたゆまず力をそそぐことこそ、飛躍をつくる最大のカギ』。…このことは私がつかんだ大切な確信であり、県にかえってみんなに真っ先に伝えたい」

その通りだと思います。そして、そのために9中総の「第二の手紙」が決定的な役割を果たすのではないでしょうか。これは感想文でも大歓迎されています。「とても励まされて勇気が出た」「『六つの挑戦』は支部の実情に合った提起だ」「最後にある支部からの『返事』にはぐっときた」——党勢拡大の独自追求の大事さ、「六つの挑戦」の呼びかけが共通して受け止められ、これまでのとりくみを振り返りながら、「やってみよう」「まずは足を踏み出してみよう」という決意が、感想文で語られています。とても心強いものだと思います。

「第二の手紙」で党建設の意義を正面から議論しよう

討論でも、「第二の手紙」が歓迎され、活用への決意が語られました。

長野の鮎沢聡県委員長は、「『第二の手紙』を読めば、情勢での党の値打ち、なぜ『130％』か、党史と記念講演にそって発展させられた意義、党への攻撃を前進の力にすること、また支部が党大会に向けて何に挑戦すればいいのか、すべて書いてある。あとは機関が自らの実践の経験を語り、一緒に具体化すればいい。『第二の手紙』の徹底が全党運動のカギを握っている」と語りました。

三重の大嶽隆司県委員長は、「『第二の手紙』を支部で討議すれば力になると実感する」と述べつつ、問題は機関だと。「機関で徹底的に『第二の手紙』で提起された内容と意義をくりかえし討議することが大事。自分の言葉で語れる、そういう幹部集団をつくらなければいけない」と発言されました。

これも大事な視点だと思います。「第二の手紙」は、7中総の「手紙」の「130％の党」づくりの三つの意義を、今日の情勢に照らして深める、『百年』史と党創立101周年記念講演をふまえて深めるという考え方でつくりました。第2章はこの間の内外情勢をふまえて、そして第3章は党史の歴史的な発展段階をふまえて、掘り下げて展開しています。「第二の手紙」を討議する際は、これを正面から議論することが大切です。その議論なしに「六つの挑戦」と言っても、これは魂の入ったものにならないと思います。

そしてこの2点を議論する際に大事なのは、内外情勢を議論する際には「志位委員長のあいさつ」が大事だと思います。それから「歴史的発展段階」は記念講演です。これをしっかり議論するということをあわせてやっていただきたい。「あいさつ」と記念講演をしっかり「第二の手紙」の議論に乗せて深めていく。そのうえで「六つの挑戦」に挑んでいくことを強調したいと思います。

全支部運動、全党員運動にすることが決定的であり、そのための党機関とその長の役割が自己分析的に深められる発言もありました。埼玉の荻原初男県委員長が、「福岡県委員長の発言を聞いていて、何が違うのかいつも考えさせられてきた。やはり3割増の党をつくるということへの構え、決意、覚悟。『命運をかけたたたかい』と口では言うのだが、本当に命運をかけたたたかいと思っているのか。そう思っているのならその思いが伝われば、全支部が決起するはずではないのか。それが伝わっていないのではないか。まずは己の決意がどうなのか。覚悟はどうなのか。たえず『なぜ「130％の党」づくりなのか』という点をわがものにして消化して、全体を激励しながら目標に全力をあげたい」と発言されました。「大運動」の推進本部長である私はもちろん、すべての機関役員のみなさん、とりわけ中央役員のみなさんが、こういう決意と覚悟を持ってのぞむのかどうかが問われる局面だということを強調したいと思います。

8中総決定、記念講演の徹底を――前進している党組織の一番の教訓として

三つ目に、党機関のイニシアチブの重要性について深く受け止められたのは、やはり反共反撃でどういう役割を果たすのかです。その点で、党機関自身が8中総決定、記念講演を自分のものにできていたのか。ただ〝読んだ〟〝理解した〟というところにとどめずに、自信を持って語れるようになるまで議論し尽くす。反共攻撃に立ち向かう実践の課題として深くつかむ。これが福岡の一番の教訓ではないでしょうか。内田裕県委員長が次のように語りました。

「今日の共産党攻撃が、この党勢拡大を失敗させることに集中している。まさに党勢拡大が支配勢力とのたたかい、今日の階級闘争の焦点になっている。とりわけ規約違反で除名された人物が福岡県の党勢拡大を失敗させようと狙い撃ち的に攻撃を仕掛けていることをリアルに紹介して、こんな攻撃には絶対負けないということを徹底した。これは一般的な理論問題ではない、まさに実践問題であり、福岡県党での党員拡大への激しい攻撃を自らの政治体験としてしっかりとらえ、どう生き生きと

語るか。そうやってこそ支部に勇気と意欲を湧き立たせることができると強調してきた」

この発言は今回の中央委員会総会でも多くの同志の共感と感動を呼んだのではないでしょうか。そして真島省三県副委員長からも、「たたかいの中で県党が鍛えられ成長、発展している」と、自らの体験をもとに発言され、福岡での議論のリアルな姿が浮き彫りになったと思います。

この点で東京の関口達也都書記長の発言で、新宿地区委員会の経験が紹介されました。くりかえしニュースで8中総決定の核心を徹底し、地区委員長を先頭に、支部に足を運び、8中総を語る、綱領を語る、このことに全力をあげ、わが党への攻撃を前進の力に転化する。党勢拡大こそ反共攻撃に対する最大の回答だという構えを地区党全体に確立することに全力をあげてきた。こうした努力が力になって、9月は3割をこえる支部が党員拡大にとりくみ、10人の入党者を迎え、党費納入も9カ月連続前進をさせているとのことでした。

新宿地区のとりくみの教訓は、疑問が出たらあいまいにしない。毅然《きぜん》と、徹底するまで、とことん疑問をあいまいにせず、努力をつくす。ここにあると私は思います。こうした努力を、いま全党が強めることが大事ではないでしょうか。

東京の田川豊都副委員長は、ある学生の再入党の経験を紹介し、「学生の中に間違いなく反共攻撃の影響はあるけれども、『百年』史と記念講演の学習、日本共産党の組織の魅力を実感してもらうことで必ず突破できるという手ごたえを強く感じている」と言われました。これも大事だと思います。党の組織の魅力を語る。党員一人ひとりが自らの日本共産党の一員として活動している実感を通じて、日本共産党の党組織の魅力を語っていくことの重要性を強調しておきたいと思います。

「しんぶん赤旗」の中祖寅一政治部長は、いまの党攻撃が、権力、メディアと一体となった大掛かりな党攻撃であることをリアルに示しました。全体像が非常に深まったのではないでしょうか。

志位委員長はあいさつで、8中総決定の核心を深く全体のものにし、攻撃を正面から打ち破る、政治的な構えをつくることの重要性を語りました。8中総と記念講演を読んで身につける。それをしなければ、党員が攻撃に無防備にさらされてしまいます。日常的にメディアなどが振りまく攻撃にさらされる。そのような事態はなんとしても避けなければなりません。攻撃に立ち向かって、一人ひとりの党員の政治的・思想的成長をかちとらなければなりません。それは全党の党員に対する私たちの責務でもあると思います。

みなさん、今回決定されるであろう9中総とともに、8中総決定と記念講演の読了、徹底を必ずやり遂げようではありませんか。

大きな党と民青をつくる「歴史的時期」を全党のものに

8中総に続いて世代的継承の課題も生き生きと語られる総会になりました。いま青年・学生のなかで強く大きな党をつくる「歴史的時期」を迎えている。このことを全党の共通認識にしていくことの重要性が、討論でも深められました。

京都の渡辺和俊府委員長は、口丹地区委員会で元教員の年配の学習教育部長が、入党した学生の新入党者教育をやって非常に驚いたんだという話をされました。聞いたら、いま６００万円の奨学金を借りている。この学習教育部長は、「私たちが長年たたかってきたのに、いまの若い人たちが戦後で一番貧しい事態になっている。自分たちがそういう人たちに目を向けていただろうか」と反省をして、すべての支部が若い人たちとのつながりを持とうと、地区活動者会議で発言されたそうであります。

いまの青年・学生が置かれた現状を解明し、若者のなかで大きな党と民青をつくる「歴史的時期」を迎えていることを明らかにしたのが8中総の「特別決議」です。この「特別決議」の討議とともに実践も始まっています。これが全党に広がれば、巨大な前進が実現し、わが党の未来がひらかれる。この道を進んでいくことを心から訴えたいと思います。

９中総の徹底・具体化について

最後に９中総決定の徹底、具体化です。

第一に、９中総の決定文書は、志位委員長のあいさつと「第二の手紙」、討論の結語となります。その前提となる8中総決定と党創立１０１周年記念講演についても、全党員が読了・視聴すべき文書としたいと思います。党大会は来年1月15日からとなります。ですから大会決議案などを議論する10中総は、11月の中旬に開催されることになります。どんなに遅くともそれまでに全党員が読了し、全支部で討議しようではありませんか。

第二に、９中総の徹底と実践との関係についてです。決して段階論に陥ることなく、８中総をベースに「第二の手紙」で党勢拡大の加速をはかりながら、徹底しつつ飛躍をつくろうではありませんか。

第三に、「第二の手紙」は支部・グループに送るものですが、党機関でも必ず議論して、支部に熱く語ることを訴えます。「第二の手紙」に対して、支部から自発的にさまざまな反応も寄せられてくると思います。「読んだ」「何かしたい」と、いろんな反応が出てくると思います。それを機敏にキャッチして、双方向・循環型のとりくみをさらに大きく発展させていこうではありませんか。

臨戦態勢をどうとるか。支部の臨戦態勢については「第二の手紙」に示しました。「週1回」の支部会議を開始し、定着させる。これが何よりもの臨戦態勢です。このことに全力をそそいでいきましょう。

党機関の臨戦態勢もとらなければなりません。党大会まであと３カ月、統一地方選挙でいえば、年明けからだいたい臨戦態勢には入るでしょう。国政選挙をひとつたたかう以上のかまえと覚悟で、連日結集し、とりくみの変化、教訓を日々つかみ、打つべき手だてを日々打って、悔いのないとりくみをする。そして日々変化をつくっていく。福岡では一日でも党員拡大がゼロの日があってはいけないとりくんできたという発言もありました。一日一日打つべき手だてをとりきることを心から訴えたいと思います。

全体として9中総が大きな前向きな議論になったことを確認して、結語を終わりたいと思います。頑張りましょう。

（「しんぶん赤旗」２０２３年10月8日付）

第9回中央委員会総会について

2023年10月6日　日本共産党中央委員会書記局

一、日本共産党第9回中央委員会総会は10月5、6の両日、党本部で開催され、中央委員176人、准中央委員24人が出席した。

一、志位和夫幹部会委員長が、幹部会を代表してあいさつを行い、総会の任務が、「第29回党大会成功、総選挙躍進をめざす党勢拡大・世代的継承の大運動」を、全支部運動、全党員運動に発展させ、「130％の党」という目標を達成するための全党の深い意思統一をはかることにあること、そのために全党の支部・グループに「第二の手紙」を提案することを明らかにした。そして、第8回中央委員会総会決定を前提に、内外情勢と日本共産党の値打ち、「大運動」の到達点と強化方向――とくに党機関がどういうイニシアチブを発揮するかを示すとともに、第29回党大会の招集と任務についての提案を行った。

一、小池晃書記局長が、総会として全党の支部・グループに送る「第二の手紙」――『第29回党大会成功、総選挙躍進をめざす党勢拡大・世代的継承の大運動』の目標総達成をよびかける全党の支部・グループのみなさんへの手紙」の趣旨と内容について提案報告を行った。

一、総会では52人が討論し、「あいさつ」と「第二の手紙」の内容を深め、具体化・実践に奮闘する決意を表明した。

一、小池晃書記局長が、幹部会を代表して討論の結語を行った。

一、総会は、党規約にもとづく第29回党大会招集についての提案を全員一致で承認した。大会は2024年1月15日（月）から18日（木）まで、大会決議と中央委員会報告、新中央委員会の選出、その他を議題として、党伊豆学習会館で開催される。

一、総会は、「あいさつ」と「第二の手紙」、討論の結語を全員一致で採択した。

一、総会は、「大運動」の目標総達成に全力をあげることを誓い合って閉会した。

（「しんぶん赤旗」2023年10月7日付）

—M E M O—

—M E M O—

ISBN978-4-530-01721-9
C0031 ¥227E
定価250円(本体227円+税)

9784530017219

1920031002271

文献パンフ

日本共産党第28回大会

第9回中央委員会総会決定

2023年10月25日/発行=日本共産党中央委員会出版局/〒151-8586 東京都渋谷区千駄ヶ谷4-26-7
Tel.03-3470-9636/振替口座番号 00120-3-21096
印刷・製本=株式会社 光陽メディア